Inhalt

Führungsstilanalyse - erfolgreich führen

Kernthesen

Beitrag

Fallbeispiele

Weiterführende Literatur

Impressum

GENIOS WirtschaftsWissen Nr. 04/2006 vom 24.04.2006

Führungsstilanalyse - erfolgreich führen

I. Lukmann

Kernthesen

- In Krisenzeit tendieren Führungskräfte zu einem harten und durchgreifenden Führungsstil. (6)
- Dabei stellt sich die Frage, wie eine Führungskraft ihr Repertoire an Führungsstilen situationsbedingt anwenden kann. (8), (10)
- Auch historische Größen dienen als Orientierungshilfe dazu, geeignete strategische Führungsrichtlinien zu entwickeln. (5)

Beitrag

Eine Führungspersönlichkeit zeichnet sich durch ein bestimmtes Persönlichkeitsprofil aus. Um einen sicheren Stil zu erlangen, ist kontinuierliches Selbstmanagement und das Infragestellen eigener Denk- und Handlungsweisen notwendig. Dabei stellt sich die Frage, welcher Führungsstil dem eigenen Wesen am nächsten kommt und gleichzeitig den größten Erfolg im beruflichen Leben verspricht. Hierzu werden nachfolgend der autoritäre, der kooperative sowie der so genannte Laissez-faire Führungsstil skizziert.

Managementstile und Führungsstilanalyse

Autoritärer Führungsstil

Der autoritäre Führungsstil eignet sich insbesondere dann, wenn Mitarbeiter über geringe Motivation, Fachkompetenz oder Selbstvertrauen verfügen. In diesem Fall kann eine straffe Vorgabe der Aufgaben die fehlenden Eigenschaften dieser Mitarbeiter kompensieren. Diese Form des hierarchischen Führungsstils ist bisweilen notwendig, da in bestimmten Situationen eine klare Vorgabe notwendig sein kann. Diese wird vor allem in Krisenzeiten von Mitarbeitern durchaus geschätzt.

Kooperativer und Laisser-faire Führungsstil

Der kooperative Führungsstil eignet sich für Mitarbeiter, die über hohe Fachkompetenz und eine angemessene Motivation verfügen. Daher ist diese Form des Führungsstils häufig auch personenbezogen. Ähnlich verhält es sich bei dem Laisser-faire Führungsstil. Auch hier gilt der Maßstab: Je versierter der Mitarbeiter in seinem Bereich ist und je motivierter seine Arbeitsweise, desto eher kann die Führungskraft dem Mitarbeiter freie Hand in seiner Handlungsweise lassen. In Fällen, in denen der Mitarbeiter eine hohe Motivation erkennen lässt, bei dem jedoch die fachliche Kompetenz noch ausgebaut werden kann, eignet sich eine Kombination aus aufgaben- und personenbezogenem Führungsstil.

Die Darstellung dieser drei Grundtypen zeigt auf, dass in einzelnen Fällen Mischformen der verschiedenen Führungsstile angebracht sind. Hinzu kommt, dass eine gute Führungskraft den eigenen Führungsstil in Abstimmung mit den Zielen des Unternehmens, den Bedürfnissen der Mitarbeiter wie auch der Kunden gestaltet.

Kern eines guten Führungsstils ist jedoch auch die Vorgabe von Rahmenbedingungen und Grenzen. Die Führungskraft hat grundsätzlich die Aufgabe, Prozesse und Abläufe zu gestalten. Mitarbeiter können in diesem Rahmen mit Anregungen zur Gestaltung beitragen (Partizipation). Der Vorgesetzte kann außerdem viel zur Motivation der Mitarbeiter beitragen, wenn er seiner Vorbildsfunktion gerecht wird. Die Arbeit an der eigenen Führungsstärke und Persönlichkeit ist dabei unabdingbar. (5), (8)

Führungsstil in Deutschland

Konsensorientierung ist in Deutschland eher gering ausgeprägt. Die wirtschaftlich krisenbehafteten Zeiten führen dazu, dass Führungskräfte tendenziell einen harten Führungsstil wählen. Einer Umfrage zufolge führen heutzutage 39 Prozent aller männlichen Führungskräfte im mittleren Management bereits situationsbedingt autoritär; weibliche Führungskräfte agieren in ähnlicher Weise (Grundlage ist eine Befragung von 1 000 Männern sowie 1 000 Frauen aus dem mittleren Management). Laut Experten hat der kooperative Führungsstil im mittleren Management ohnehin ausgedient. Die

Förderung von Teamgeist wird in deutschen Unternehmen nicht mehr nachhaltig gefördert. Führungskräfte zielen heutzutage darauf ab, einzelne motivierte Mitarbeiter auszuwählen und diese systematisch zu fördern. (6)

Unternehmerische Tugenden

Führungskräfte in Deutschland agieren zunehmend risikoscheu. Der klassische Unternehmer mit Mut, Visionen und Identifikation mit dem Unternehmen hat ausgedient. Der neue Managertypus ist der so genannte nüchterne Durchführer. Das Handeln des neuen Managertyps hat eine neue Führungsqualität. Die grundlegenden Eigenschaften sind Vielseitigkeit, branchenübergreifende Erfahrung sowie ein klarer und harter Führungsstil. Das Agieren dieses Managertyps ist geprägt durch Unauffälligkeit. Pläne langfristiger Natur werden erst dann kommuniziert, wenn ihre Verwirklichung in greifbare Nähe gerückt ist. Diese geräuschlose und dennoch effiziente Art und Weise ein Unternehmen oder Bereiche zu führen und zu gestalten wird dann perfekt, wenn diese Handlungsweise zeitgleich mit Weitblick, Vorstellungskraft und unternehmerischer Perspektive verbunden wird. (6), (10)

Orientierung an historischen Führungsgrößen

Bei der Suche nach einem geeigneten Führungsstil wird häufig der Blick in die Vergangenheit gerichtet. Die Orientierung an Führungsstilen wie Alexander der Große, Seneca, Clausewitz oder Machiavelli sind dabei eine Form der Hilfestellung, um den eigenen Stil herausbilden zu können.

Was aber sind die Gründe für das Heranziehen mächtiger Führungsgrößen aus der Vergangenheit? Augenscheinlich zielen heutige Manager darauf ab, ähnliche Erfolge und eine vergleichbare Macht wie die entsprechenden Idole zu erreichen. Insbesondere Manager, die noch einige Stufen der Karriereleiter hinaufsteigen möchten, sind fleißige Käufer dieser Literatur. Tatsächlich kann aus den vergangenen Strategien für unsere Zeit einiges gezogen werden. Im Grunde jedoch finden Manager das sympathisch, was sie ohnehin selbst denken und was am ehesten zu den eigenen Verhaltensweisen passt. Auf diese Weise erhält man zu den eigenen Sichtweisen entscheidende Impulse von vergangenen Größen, das heißt, die ausgewählte Figur dient quasi dazu, ein effizientes Eigencoaching aufzubauen.

Das stark ausgeprägte Orientierungsbedürfnis von

Managern resultiert aus einem Mangel an vorgegebenen Strukturhilfen. Der Mensch lebt an sich in verschiedenen sozialen Systemen. Die Strukturen dieser Systeme werden in gewohnter Weise übernommen - zum Beispiel in Familien-, Freundes- oder Arbeitssystemen. Manager haben nun beim Aufsteigen der Karriereleiter häufig das Problem, dass Strukturen nicht mehr wie gewohnt vorgegeben sind oder vielmehr von ihnen selbst gestaltet werden sollen. In einer solchen Situation entsteht die Suche nach adäquaten Ratgebern, die in Form ehemals mächtiger Führungsgrößen vorhanden sein können. (5)

Fallbeispiele

Der neue Vorstandsvorsitzende der Deutschen Börse, Reto Francioni, kündigte an, dass er mit seinem Amtsantritt einen neuen Führungsstil einführen möchte. Francioni gab an, dass er nicht vorhat, einen autokratischen Stil zu pflegen. Vielmehr möchte er, dass die Mitarbeiter zu jeder Zeit wissen, welchen Kurs das Unternehmen anstrebt. (4)

Das Hessische Landesarbeitsgericht hat in einem

Urteil (Az.: 1 Sa 19/04) entschieden, dass ein mangelhafter Führungsstil von Vorgesetzten unter Umständen eine fristlose Kündigung rechtfertigt. Hintergrund ist der Fall einer Leiterin einer Kindertagesstätte, die aufgrund ihres nachhaltig unangemessenen Verhaltens fristlos entlassen worden war. Sieben von acht Mitarbeitern hatten aufgrund des Verhaltens der Leiterin ihre Stellung in der Kindertagesstätte gekündigt. Zur Begründung hat das Gericht angegeben, dass nicht abzusehen gewesen sei, dass die Leiterin ihr Verhalten hätte ändern können oder wollen. Daher sei eine vorherige Abmahnung in diesem Falle nicht notwendig gewesen. (7)

Der Bundestrainer der deutschen Fußballnationalmannschaft Klinsmann wird wegen seines Führungsstils zurzeit heftig kritisiert. Klinsmann lässt sich in diesem Thema von zwei international anerkannten Topmanagern beraten: Engländer Mick Hoban sowie dem Amerikaner Warren Mersereau, mit denen Klinsmann seit vier Jahren erfolgreich eine Beratungsfirma namens SoccerSolutions betreibt. Die dabei entwickelten Managementgrundsätze werden von Klinsmann nachhaltig umgesetzt. Klinsmanns Führungsstil wird von deutschen Management- und Personalberatern als vorbildlich, modern und zukunftsweisend tituliert. Laut einer Umfrage der Welt am Sonntag sehen

Berater alle grundlegenden Qualitäten eines Topmanagers von Klinsmann erfüllt. Darunter zum einen die fachliche Qualifikation, eine klare Zielorientierung sowie die Hartnäckigkeit, das genannte Ziel gegen jede Kritik beharrlich zu verfolgen. Problematisch ist den Beratern zufolge jedoch ein Grundproblem: nämlich die sportliche Qualität der Fußballspieler. (2)

Weiterführende Literatur

(1) Briten sind leistungsorientiert, Deutsche demokratisch Führungsstil: Manager schätzen es, talentierte Mitarbeiter zu fördern - Starke Unterschiede zwischen den Staaten
aus WirtschaftsBlatt, 18.03.2006, Nr. 2577, S. 19

(2) Grabitz, Ileana / Jungholt, Thorsten, Klinsmann Führungsstil der Moderne, Bundestrainer Klinsmann ignoriert die Ratschläge des WM-Chefs Beckenbauer. Deutsche Managementberater finden das richtig, Welt am Sonntag, 12.03.2006, Nr. 11, S. 17
aus WirtschaftsBlatt, 18.03.2006, Nr. 2577, S. 19

(3) Führungsstil Visionäre fehlen
aus Hamburger Abendblatt, 17.12.2005, Nr. 295, S. 68

(4) Francioni avisiert neuen Führungsstil Mitarbeiter der Deutschen Börse erhalten Sonderbonus von 3 500 Euro

aus Börsen-Zeitung, 02.11.2005, Nummer 211, Seite 4

(5) Effizientes Eigencoaching Wer sich keinen persönlichen Coach leisten möchte, liest die Klassiker der Strategie. Dabei verrät die Lektüre viel über den persönlichen Führungsstil
aus DIE WELT, 23.07.2005, Nr. 170, S. B2

(6) "Der kooperative Führungsstil hat abgewirtschaftet" Deutsche Manager werden autoritärer
aus HANDELSBLATT online 20.5-.2-03 12:18:23

(7) Führungsstil kann Stelle kosten
aus Frankfurter Allgemeine Zeitung, 27.11.2004, Nr. 278, S. 59

(8) Führen ist eine Frage des Stils Management: In Österreich ist der Nicht-Führungsstil dominant
aus WirtschaftsBlatt, 01.04.2006, Nr. 2587, S. 17

(9) FÜHRUNGSSTIL Nationale Angelegenheiten
aus wirtschaft&weiterbildung, Vol. 19, Heft 04/2006, S. 10

(10) Wachablösung in den Chefetagen Die Zeit des Visionärs an der Unternehmensspitze ist passé. Gefragt ist ein Managertyp, der zupackt, statt zu träumen. Mit ihm kommt auch ein neuer Führungsstil.
aus Financial Times Deutschland vom 24.03.2006, Seite SB1

Impressum

Führungsstilanalyse - erfolgreich führen

Bibliografische Information der deutschen Nationalbibliothek

Die Deutsche Nationalbibliothek verzeichnet diese Publikation in der deutschen Nationalbibliografie; detaillierte bibliografische Daten sind im Internet über http://dnb.d-nb.de abrufbar.

ISBN: 978-3-7379-0185-7

© 2015 GBI-Genios Deutsche Wirtschaftsdatenbank GmbH, Freischützstraße 96, 81927 München, www.genios.de

Alle Rechte vorbehalten. Dieses Werk ist einschließlich aller seiner Teile – z.B. Texte, Tabellen und Grafiken - urheberrechtlich geschützt. Jede Verwertung außerhalb der Grenzen des Urheberrechtsgesetzes bedarf der vorherigen Zustimmung des Verlags. Dies gilt insbesondere auch für auszugsweise Nachdrucke, fotomechanische Vervielfältigungen (Fotokopie/Mikroskopie), Übersetzungen, Auswertungen durch Datenbanken oder ähnliche Einrichtungen und die Einspeicherung und Verarbeitung in elektronischen Systemen.